LES PAPILLONS

Conception
Émilie Beaumont

Auteur
Cathy Franco

Illustrations
Bernard Alunni et Marie-Christine Lemayeur

Avec la collaboration de Jacques Pierre,
entomologiste au Museum d'Histoire Naturelle de Paris

FLEURUS

FLEURUS ÉDITIONS, 15-27, rue Moussorgski, 75018 PARIS
www.fleuruseditions.com

LE PAPILLON

Il se distingue des autres insectes par ses ailes couvertes de minuscules écailles colorées et sa trompe creuse dont il se sert comme d'une paille pour absorber le nectar des fleurs. On compte environ 150 000 espèces de papillons, dont une grande majorité vit la nuit (près de 80 %). Les papillons se répartissent sur presque toutes les régions du globe où se développe la végétation. Leur vie se déroule en quatre phases : l'œuf, la chenille, la nymphe ou chrysalide, et enfin l'imago (l'insecte adulte).

Les ailes

Les quatre ailes du papillon, de fines membranes, sont parcourues de nombreuses nervures creuses dans lesquelles circulent le sang de l'insecte, l'hémolymphe, et de l'air. Ce réseau de nervures assure la rigidité des ailes, comme le font les armatures d'un cerf-volant.

Une mosaïque de couleurs

Les ailes du papillon sont couvertes de milliers d'écailles microscopiques. Elles sont plantées dans la membrane et se chevauchent comme les tuiles d'un toit, protégeant l'insecte de l'humidité. La disposition de ces écailles et les pigments qu'elles contiennent donnent aux ailes leurs couleurs et leurs dessins variés.

Une vue panoramique

Les deux gros yeux bombés du papillon sont composés de milliers de petits yeux, appelés facettes, regardant chacun dans une direction légèrement différente. Ils permettent à l'insecte de détecter tout ce qui est en mouvement autour de lui. Sa vision est assez floue, mais il distingue très bien les couleurs, à part le rouge. Il voit aussi des couleurs invisibles à nos yeux, comme l'ultraviolet (rayon lumineux du soleil).

Pour aspirer le nectar des plantes, le papillon déroule sa trompe.

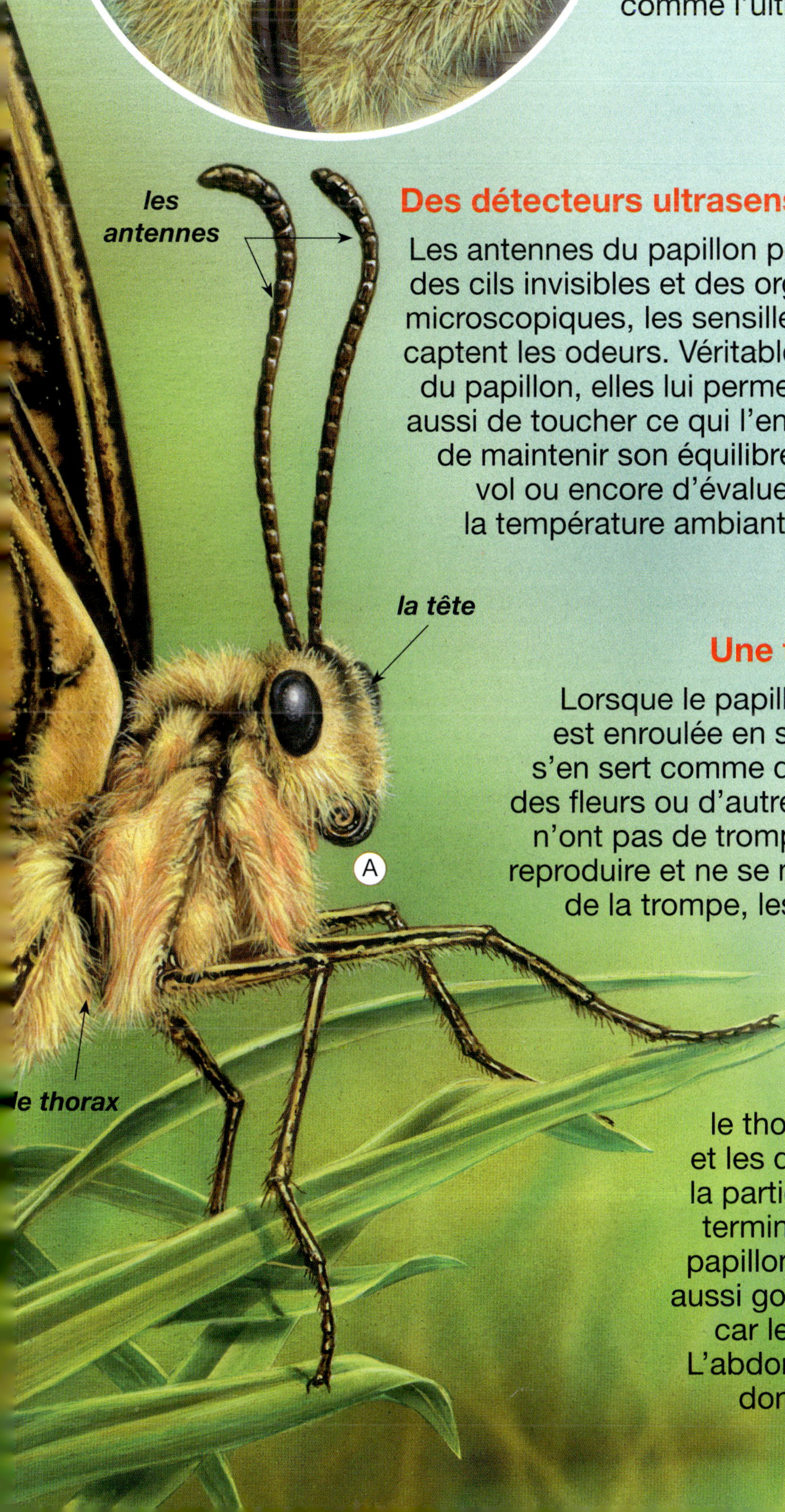

Des détecteurs ultrasensibles

Les antennes du papillon portent des cils invisibles et des organes microscopiques, les sensilles, qui captent les odeurs. Véritables nez du papillon, elles lui permettent aussi de toucher ce qui l'entoure, de maintenir son équilibre en vol ou encore d'évaluer la température ambiante.

Une trompe pour se nourrir

Lorsque le papillon s'envole ou se repose, sa trompe est enroulée en spirale sous sa tête (A). Il la déroule et s'en sert comme d'une paille pour aspirer le nectar sucré des fleurs ou d'autres liquides (B). Certains papillons de nuit n'ont pas de trompe, car ils ne vivent que le temps de se reproduire et ne se nourrissent pas. Situés de part et d'autre de la trompe, les palpes servent à tâter la nourriture.

Un corps en trois parties

Comme tous les insectes, le papillon a un corps divisé en trois parties : la tête, le thorax et l'abdomen. Les trois paires de pattes et les deux paires d'ailes sont soudées au thorax, la partie la plus puissante du corps. Les pattes se terminent par deux petites griffes permettant au papillon de s'accrocher fermement. L'insecte peut aussi goûter les aliments avec le bout de ses pattes, car leur extrémité porte des organes gustatifs. L'abdomen contient la plupart des organes vitaux, dont les systèmes digestif et reproducteur.

Papillon de jour ou de nuit ?

En général, les papillons actifs le jour ont de fines antennes terminées par un renflement en forme de massue et des couleurs plutôt vives. Au repos, ils joignent leurs ailes à la verticale. Les papillons actifs la nuit ont des antennes aux formes variées, mais jamais en massue. Leur corps est souvent trapu, leurs couleurs sont plutôt ternes, et ils gardent généralement les ailes étendues de chaque côté de leur corps lorsqu'ils se reposent. Toutefois, il n'existe pas réellement deux groupes de papillons bien distincts. Certains papillons actifs le jour possèdent des caractéristiques propres aux papillons dits « de nuit », et vice versa. Cette division reste plus pratique que scientifique.

Un papillon de jour.

Un papillon de nuit.

Drôles d'antennes

Beaucoup de papillons de nuit sont équipés d'antennes en forme de peignes ou de plumes. Leur surface plus large et forcément plus sensible permet aux mâles d'identifier l'odeur d'une femelle à de grandes distances, jusqu'à 10 km chez certaines espèces !

À droite, quelques espèces de papillons de la forêt tropicale, dont le magnifique morpho bleu (Morpho peleides) *aux reflets irisés.*

Des grands et des petits

La taille des papillons varie énormément selon les espèces. Les plus minuscules mesurent 2 mm ! L'*Attacus atlas*, ci-contre, est l'un des plus beaux et plus grands papillons du monde : jusqu'à 28 cm d'un bout de l'aile à l'autre. Le record d'envergure (30 cm) appartient à une autre espèce *(Thysania agrippina)*, mais la surface des ailes est moins importante.

Combien de temps vit un papillon ?

Certains papillons ne vivent que quelques jours, le temps de se reproduire. La plupart des espèces vivent deux à trois semaines, mais celles qui hibernent peuvent vivre jusqu'à 8 ou 9 mois. En vieillissant, le papillon perd ses écailles et ses jolies couleurs. Ses ailes se frangent, il vole de moins en moins bien et devient une proie facile pour ses prédateurs.

Où vivent les papillons ?

Les papillons se sont adaptés à presque tous les milieux où pousse la végétation. Dans les régions froides ou tempérées, ils profitent de la belle saison pour se reproduire. C'est sous les tropiques que l'on rencontre la grande majorité des espèces : près de 90 % ! Les papillons trouvent là un habitat idéal en raison de l'abondance des pluies et de la diversité des plantes.

LE TEMPS DES AMOURS

Se reproduire est l'unique but du papillon adulte. Mâles et femelles s'attirent surtout par les odeurs. Les papillons de jour se servent aussi de leurs yeux pour repérer un partenaire, mais ils doivent s'en approcher pour vérifier, à l'odeur, qu'il s'agit bien de la même espèce. Ce sont en général les mâles qui séduisent les femelles et doivent les convaincre de s'accoupler. Des œufs qu'elles vont pondre naîtront de petites chenilles qui deviendront de magnifiques papillons.

Le papillon, un grand séducteur

Pour trouver l'âme sœur, certains papillons mâles se postent à un endroit précis, sur une branche par exemple, et attendent qu'une femelle passe à leur portée. D'autres mâles patrouillent, butinant de-ci de-là, et rencontrent ainsi les femelles, qu'ils poursuivent de leurs ardeurs. Pour séduire une belle, ils effectuent une danse virevoltante autour d'elle et lui tapotent les antennes.

Juste avant l'accouplement, le mâle et la femelle échangent des odeurs stimulantes en se tapotant les antennes.

L'accouplement

Pour s'accoupler, le mâle s'unit à la femelle par l'extrémité de l'abdomen. Ils restent ainsi immobiles, dos à dos, pendant un laps de temps de quelques minutes à plusieurs heures selon les espèces. Si le couple est dérangé, il s'envole tout attaché pour aller se poser un peu plus loin. Aussitôt après l'accouplement ou dès le lendemain, la femelle se met en quête d'une plante pour pondre ses œufs.

La ponte

La femelle du papillon dépose en général ses œufs sur une ou plusieurs plantes bien déterminées : celle(s) dont les petites chenilles auront besoin pour se nourrir. Suivant les espèces, les papillons pondent quelques dizaines à plusieurs centaines d'œufs aux formes, structures et couleurs variées. La femelle dispose ses œufs isolément, par petits paquets, ou plus rarement en masse. Quelques espèces larguent leurs œufs en plein vol au-dessus des plantes. La femelle du machaon (à gauche) pond ses œufs sous les feuilles et les tiges de fenouil ou de carotte. Ils ne tombent pas car ils sont enrobés d'une substance collante. Une autre espèce de papillon pond ses œufs en chapelets verticaux sous les feuilles d'ortie (ci-dessus).

Le machaon adulte mesure jusqu'à 9 cm d'envergure. Il peuple les prairies fleuries d'Europe.

Certaines guêpes ou mouches parasites pondent leurs œufs à l'intérieur de ceux des papillons (à droite). Leurs larves s'y développent en se nourrissant de celles des papillons et, quand l'œuf éclôt, c'est soit une petite mouche, soit une petite guêpe qui en sort !

L'éclosion

Le plus souvent, les œufs des papillons éclosent au bout d'une semaine environ. Avec ses mandibules, la petite chenille découpe un cercle dans la coque de l'œuf. Elle sort d'abord la tête, puis le reste de son corps, en se tortillant dans tous les sens. La coquille tendre constitue souvent son premier repas. Elle contient en effet d'importants éléments nutritifs.

L'œuf du machaon (ci-dessus) éclôt au bout de cinq jours. La minuscule chenille mesure à peine 2 mm.

LA CHENILLE

À peine sortie de l'œuf, la chenille se consacre à son activité essentielle : manger pour accumuler les réserves qui lui permettront de se transformer en papillon. Elle est si goulue qu'elle grossit très vite. Comme sa peau n'est pas élastique, elle doit en changer plusieurs fois : c'est ce qu'on appelle la mue. La vieille peau trop étroite se fend et laisse apparaître une peau toute neuve, parfois d'une couleur différente de la précédente. En quelques semaines, la chenille va atteindre sa taille définitive.

Morphologie de la chenille

La chenille a un long corps cylindrique divisé en anneaux. Pour saisir les feuilles, elle utilise ses trois premières paires de pattes, munies de griffes, et pour se déplacer et s'agripper, elle se sert de ses « fausses » pattes, sortes de bourrelets graisseux terminés par des ventouses. La tête porte deux minuscules antennes et six yeux presque invisibles qui distinguent l'ombre et la lumière. La bouche est armée de puissantes mâchoires, les mandibules, qui broient les aliments.

Cette chenille de machaon dévore une tige de fenouil. Depuis sa sortie de l'œuf, elle a déjà bien grossi et mesure désormais 4 cm (contre 2 mm à la naissance). Sa peau a changé de couleur.

Un appétit d'ogre

La chenille passe le plus clair de son temps à manger. En quelques semaines, elle va multiplier son poids de naissance par 1 000, 3 000 ou même 10 000 selon les espèces ! La plupart des chenilles se nourrissent de végétaux, surtout de feuilles. D'autres préfèrent les fleurs, les fruits ou les racines. Certaines grignotent le bois, dans lequel elles creusent des galeries. La chenille de la mite s'attaque à la peau des charognes et même à nos vêtements de laine ou de coton, dans lesquels elle fait de nombreux petits trous.

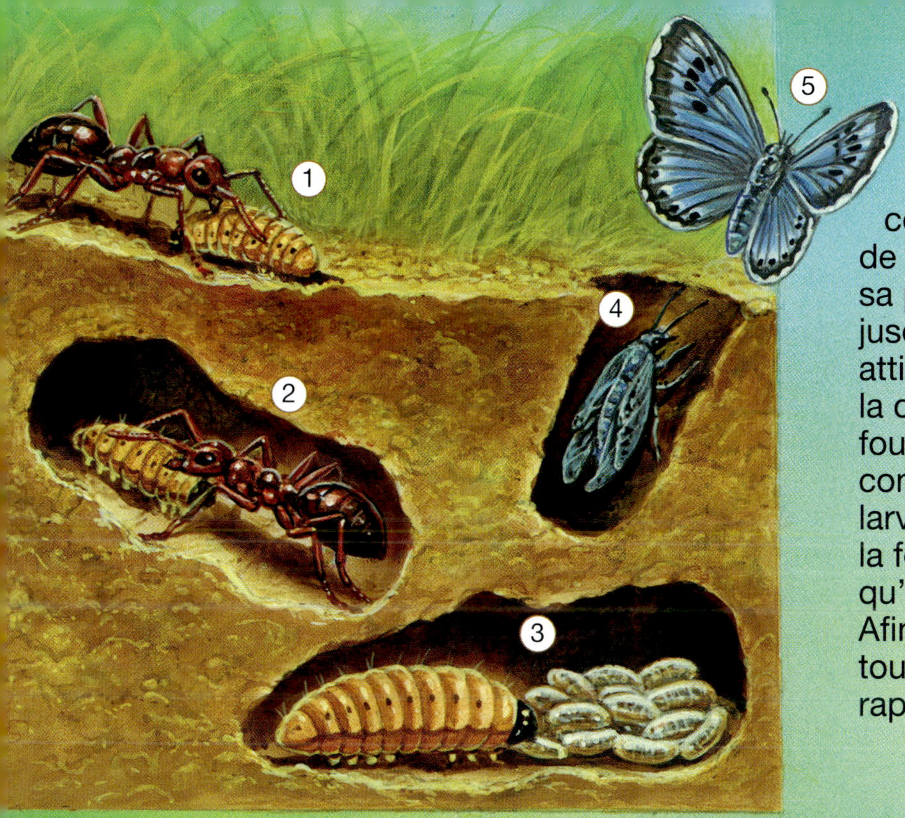

Une chenille étonnante

La chenille de l'azuré-du-serpolet commence par se nourrir des fleurs de serpolet ou d'origan. Puis elle quitte sa plante nourricière et erre sur le sol jusqu'à ce qu'une fourmi *Myrmica*, attirée par le liquide sucré que sécrète la chenille (1), la transporte au cœur de sa fourmilière (2). La chenille change alors complètement de régime et dévore les larves de ses hôtes (3). C'est aussi dans la fourmilière, bien à l'abri des prédateurs, qu'elle va se transformer en papillon (4). Afin de ne pas se faire dévorer à son tour, l'insecte éclos devra sortir rapidement du nid (5) !

Gourmandises ailées

Avec la chenille de l'*Eupithecia* (à droite), les mouches n'ont qu'à bien se tenir ! Dès que l'une d'elles passe à sa portée, la chenille détend son corps, s'abat sur l'insecte en une fraction de seconde et s'en régale !

De nombreux prédateurs

Les chenilles constituent un mets de choix pour les oiseaux insectivores et leurs petits. Les lézards et les crapauds en sont également friands, de même que certaines punaises ou araignées, et que bien des mammifères (musaraignes, hérissons, taupes...). De nombreuses espèces de fourmis s'attaquent elles aussi aux chenilles. Sans compter les petites guêpes et mouches parasites qui pondent dans le corps des chenilles après en avoir percé la peau. À peine écloses, leurs larves vont dévorer la pauvre chenille de l'intérieur... jusqu'à la tuer.

DE LA CHENILLE AU PAPILLON

Devenue bien grasse, la chenille cesse de manger et cherche un endroit pour se transformer en nymphe. Seules les nymphes de couleur dorée sont appelées chrysalides, du grec *chrysos*, qui signifie « doré ». Pour effectuer cette incroyable métamorphose, certaines chenilles se fixent à un support par quelques fils de soie (c'est le cas de la plupart des chenilles de papillons de jour). D'autres s'enterrent, s'enroulent dans une feuille ou encore tissent autour d'elles un cocon de soie qui abritera la nymphe.

De la chenille à la nymphe

Quatre semaines après sa sortie de l'œuf, la chenille du machaon a atteint sa taille définitive. Elle a bien grandi et mesure désormais 4 cm. Elle s'apprête à muer une dernière fois. Ayant trouvé une tige ou une brindille abritée, elle confectionne avec ses

Une loge souterraine

Beaucoup de chenilles se cachent sous les feuilles, la mousse ou les pierres pour se changer en nymphes. D'autres s'enfoncent dans le sol jusqu'à 20 cm ou plus et s'y aménagent une petite loge. Aussitôt éclos, le papillon remonte à la surface, ailes et antennes plaquées contre le corps, en s'aidant, semble-t-il, de ses pattes. Certaines espèces portent sur le front une sorte d'outil perforateur qui les aide à se frayer un passage !

Les prédateurs des nymphes

Ils sont plus nombreux qu'on ne le croit : oiseaux, lézards, petits mammifères, coléoptères, araignées, parasites. Pour se défendre, beaucoup de nymphes ont des couleurs vertes, brunes ou gris foncé qui les rendent pratiquement invisibles dans leur environnement. Certaines ont l'aspect d'une feuille enroulée. D'autres sont garnies d'épines.

Nymphe avec épines protectrices.

glandes salivaires un coussinet de soie sur la plante et s'y cramponne à l'aide de ses fausses pattes arrière (1). Puis elle se redresse en se contorsionnant et s'attache avec une ceinture de soie (2). Cette soie est enduite d'une substance collante qui adhère bien au support.

La chenille reste ainsi immobile pendant deux ou trois jours. Puis sa peau se déchire une dernière fois. Mais, au lieu d'une peau molle, c'est une carapace tendre et humide qui apparaît : celle de la nymphe (3 et 4). C'est à l'intérieur de cet étui protecteur que va s'élaborer le corps du futur papillon.

La nymphe durcit rapidement au contact de l'air.

La vieille peau se fend, et la nymphe encore toute molle apparaît.

Un cocon de soie

Certaines chenilles de papillons de nuit (les bombyx) tissent un cocon de soie protecteur dans lequel elles s'enferment pour se transformer en nymphes (ci-dessous). La fabrication du cocon peut prendre jusqu'à deux jours. La chenille sécrète un long fil de soie dont elle s'entoure en effectuant avec son corps une sorte de huit. Depuis la plus haute Antiquité, la soie, ce précieux tissu au toucher si doux, est produite à partir de l'élevage de certaines chenilles de papillons, dont le ver à soie, qui est la chenille d'un petit papillon blanc : le bombyx du mûrier.

L'incroyable métamorphose

À l'intérieur de la nymphe, d'importantes transformations s'opèrent. Le corps de la chenille se liquéfie complètement (il devient liquide) et se réorganise. Peu à peu prend forme le corps du papillon. Le temps passé sous forme de nymphe est variable : de quelques jours à plusieurs mois si la nymphe hiberne.

Dans certains pays chauds, la nymphe stoppe son développement durant la saison sèche, sinon le papillon ne pourrait pas se nourrir, faute de fleurs à butiner. Le machaon (ci-dessous) passe trois semaines sous forme de nymphe (tout l'hiver si la chenille s'est transformée à l'automne).

Le papillon est prêt à éclore. On entrevoit déjà son corps par transparence. Soudain, l'enveloppe de la nymphe se déchire.

Les ailes du papillon sont tout humides et chiffonnées. Afin qu'elles se déploient, l'insecte se met à respirer très fort pour envoyer du sang et de l'air dans les nervures creuses qui les parcourent.

Le papillon reste immobile jusqu'à ce que ses ailes se tendent, sèchent et durcissent au contact de l'air. Il attend ainsi une demi-heure environ.

Les ailes sont maintenant bien sèches et complètement déployées. Le papillon les fait vibrer, puis il s'envole. Sa vie d'adulte peut commencer.

Pluie de sang

Peu de temps après l'éclosion, le papillon rejette des gouttelettes colorées correspondant à des déchets organiques dont il n'a plus besoin. Chez certaines espèces, ce liquide est rouge sang et, quand plusieurs papillons éclosent en même temps, le sol ou les feuilles sont tachés de rouge. Au Moyen Âge, les gens, terrorisés, croyaient qu'il pleuvait du sang et interprétaient ce signe tombé du ciel comme un mauvais présage.

DRÔLES DE CHENILLES

Chenilles indigestes

Beaucoup de chenilles sont couvertes de poils, parfois urticants, qui donnent des démangeaisons ou brûlent quand on les touche. D'autres sont ornées de piquants ou de touffes d'épines, autant d'armes dissuasives contre un éventuel prédateur. Les oiseaux préfèrent généralement ne pas s'attaquer à ces chenilles qui restent en travers du gosier !

À la queue leu leu

La plupart des chenilles de papillons mènent une vie solitaire. Mais certaines, comme les chenilles processionnaires du pin, vivent en société. Elles construisent dans le pin un grand nid de soie (A) dont elles sortent la nuit pour aller dévorer les aiguilles. Elles se déplacent toujours à la queue leu leu. Au printemps, la colonie quitte le nid pour opérer la nymphose dans le sol. Il n'est pas rare alors de voir les chenilles traverser en file indienne (B) une route ou un chemin à la recherche d'un terrain ensoleillé. Il ne faut surtout pas les toucher, car leurs poils peuvent provoquer des démangeaisons très vives et de violentes réactions allergiques ! Extrêmement voraces, ces chenilles peuvent dépouiller complètement un pin de ses aiguilles et causer de gros dégâts dans les forêts.

Chenilles processionnaires se déplaçant en file indienne.

Mini-serpent

Lorsqu'elle se sent menacée, la chenille du sphinx (à gauche) rentre sa tête, gonfle son corps et exhibe deux faux yeux impressionnants. Ainsi, elle ressemble à un serpent miniature. Malheureusement, ce qui pourrait passer pour une technique d'intimidation ne décourage en rien les adversaires !

Une maison itinérante

La chenille du psyché (ci-contre) vit dans un fourreau qu'elle construit avec divers matériaux tels que des feuilles ou des brindilles. C'est, comme la coquille d'un escargot, une maison itinérante qu'elle ne quitte jamais et dans laquelle elle se réfugie entièrement en cas de danger.

Pour se défendre, la chenille de la queue-fourchue projette aussi un jet d'acide en direction de son agresseur.

Mise en garde

Importunée, la chenille de la queue-fourchue rétracte (rentre) les premiers segments de sa tête et dévoile un faux visage surprenant. En même temps, elle redresse l'arrière de son corps et fait saillir deux longs filaments rouges qu'elle agite comme des fouets en guise d'intimidation.

Une démarche originale

Dépourvue de pattes intermédiaires, la chenille du géomètre a adopté une démarche pour le moins acrobatique. Elle est obligée de former un arc avec son corps pour avancer. On dirait qu'elle mesure le sol ou la branche, comme un géomètre qui arpente un terrain. On l'appelle aussi « chenille arpenteuse ».

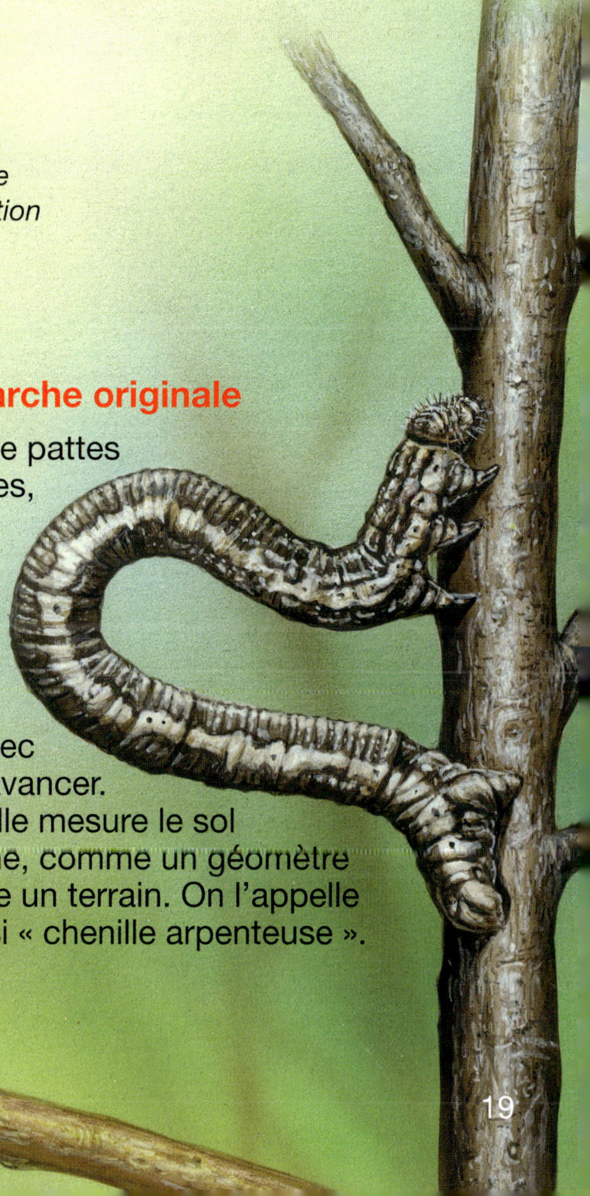

LA VIE DU PAPILLON

Devenu adulte, le papillon entame sa vie d'insecte ailé. Dès les beaux jours, il voltige à la recherche d'une femelle ou de fleurs à butiner et, tandis qu'il s'abreuve du nectar sucré, ses pattes se couvrent de pollen, qu'il dépose ensuite sur d'autres fleurs. Ainsi, ces dernières peuvent faire des graines et se reproduire. C'est ce qu'on appelle la pollinisation. Malheureusement, de plus en plus d'espèces de papillons sont menacées à cause de la pollution, des pesticides et de la destruction de leur habitat.

Échauffement

Le papillon est un animal à sang froid : la température de son corps varie avec celle du milieu ambiant. Les papillons de jour ont besoin de chaleur pour pouvoir s'envoler. Au matin frais, frileusement agrippés à une tige et encore tout engourdis par la fraîcheur de la nuit, ils ouvrent grandes leurs ailes pour absorber au mieux la chaleur du soleil, puis s'envolent tout ragaillardis. Les papillons de nuit, eux, font vibrer leurs ailes pour échauffer leurs muscles et pouvoir s'envoler.

La journée du papillon

Une fois bien échauffé, le papillon visite les fleurs pour en aspirer le nectar, sa nourriture principale, et se consacre à l'unique mission de sa vie d'adulte : se reproduire. Les jours où il pleut, il s'abrite comme il le peut : sous une feuille, parmi les herbes... Les papillons de nuit se nourrissent aussi du nectar des fleurs. Celles qui s'ouvrent la nuit, comme le chèvrefeuille, ont souvent un parfum enivrant qui les attire. Certains papillons de nuit ne mangent absolument rien. Ils ne vivent que quelques jours, le temps de se reproduire.

Menus spéciaux

Beaucoup de papillons complètent leur menu en absorbant le jus des fruits pourris ou la sève qui coule des arbres blessés. D'autres apprécient les charognes ou les excréments d'animaux, dans lesquels ils plongent leur trompe. Le sphinx-tête-de-mort (à gauche) n'hésite pas à s'introduire dans les ruches pour voler le miel des abeilles, dont il est friand. Il doit son nom au dessin en forme de tête de mort ornant le haut de son dos. Sous les tropiques, certains papillons ont une trompe très courte et piquante qui leur permet de percer la peau des oranges et d'en absorber le jus, dont ils se nourrissent exclusivement (à droite).

Passer l'hiver

L'hiver est une saison difficile pour les papillons, qui n'ont plus rien à manger et que le froid engourdit. Beaucoup d'espèces passent la mauvaise saison à l'état d'œuf, de chenille ou de nymphe, attendant les beaux jours pour continuer leur développement. D'autres hivernent quand ils sont adultes. Ils vivent au ralenti, trouvant refuge dans un endroit abrité : un arbre creux, la fissure d'un mur, une cave, une cabane de jardin, etc.

Incroyables migrations

Comme les oiseaux, de nombreuses espèces de papillons effectuent des migrations saisonnières vers d'autres régions : pour éviter une surpopulation, pour fuir le froid... Les monarques sont les plus spectaculaires des papillons migrateurs. En septembre, ils délaissent le Canada et s'envolent vers le sud, jusqu'au Mexique et en Californie : un voyage de plus de 3 000 km ! Ils retournent toujours sur les mêmes sites, recouvrant chaque année les mêmes arbres. Au Mexique, près de 10 millions de monarques passent l'hiver sur un seul hectare de forêt ! Ils vivent au ralenti, attendant le retour des beaux jours. Au printemps, ils s'accouplent, et ce sont les générations suivantes qui remontent vers le nord.

LES PRÉDATEURS DES PAPILLONS

Oiseaux, lézards, chauves-souris... les prédateurs des papillons sont nombreux, même s'ils leur préfèrent les chenilles bien dodues. Les autres insectes sont souvent les pires ennemis des papillons. Les guêpes, les frelons, les libellules et certaines mouches carnassières les poursuivent en plein vol. La redoutable mante religieuse les chasse à l'affût. Certaines araignées les piègent dans leur toile, qu'elles tissent un peu partout dans la nature.

Piège mortel

Les papillons se retrouvent souvent pris dans des toiles d'araignées invisibles, tissées le long des haies ou dans les prés fleuris. L'araignée se précipite alors sur sa proie, la mord avec ses crochets venimeux et la ligote avec du fil de soie pour la manger plus tard. Mais, parfois, certaines espèces de papillons ont si mauvais goût qu'elles sont immédiatement rejetées de la toile. L'araignée crabe (à gauche) se tapit au cœur des fleurs, en prend la couleur et attend patiemment qu'un papillon s'y pose pour le mordre aussitôt et le paralyser.

Plus rapide que l'éclair

Les lézards sont de redoutables prédateurs pour les insectes, car ils sont très vifs lorsqu'ils chassent. Sous les tropiques, le caméléon fait bombance avec les papillons, particulièrement nombreux dans ces régions. Il chasse à l'affût, immobile sur une branche, attendant qu'une proie passe à sa portée. Sa langue est si longue qu'elle dépasse la longueur de son corps tout entier. En un éclair, le caméléon la projette comme un ressort dès qu'un papillon s'approche. Imbibée d'une salive gluante, la langue retient l'insecte après l'avoir assommé, puis revient à la bouche.

Chasser dans le noir

Pour localiser les papillons de nuit dans l'obscurité, la chauve-souris utilise une sorte de sonar, comme les sous-marins : elle émet des ultrasons (des bruits inaudibles pour nous), qui se réfléchissent sur les objets rencontrés et reviennent jusqu'à ses oreilles comme un écho. Ainsi, elle peut détecter un papillon en vol dans l'obscurité et foncer sur lui pour n'en faire qu'une bouchée !

Certains papillons peuvent entendre les ultrasons émis par une chauve-souris ; aussitôt ils se laissent tomber pour lui échapper. D'autres en émettent pour prévenir la chauve-souris qu'ils ont mauvais goût. Celle-ci, avec l'expérience, a appris à s'en méfier !

Fauve miniature

La mante religieuse est friande de papillons : elle les guette, immobile, habilement camouflée dans la végétation basse. Sa tête peut pivoter à 180°, ce qui lui permet de suivre le déplacement de ses proies sans bouger son corps. Dès que l'une d'elles passe à sa portée, elle détend instantanément ses pattes pour s'en saisir. Elle la dévore en quelques minutes, après l'avoir mise en pièces avec ses mandibules acérées.

LES DÉFENSES DES PAPILLONS

Les papillons disposent de peu de moyens de défense contre leurs prédateurs. En revanche, de nombreuses espèces parviennent à se camoufler habilement dans leur environnement grâce à la couleur de leurs ailes. C'est notamment le cas de certains papillons de nuit qui se reposent la journée et que l'on distingue à peine sur une écorce ou sur une pierre. D'autres papillons ont une apparence trompeuse ou sont venimeux.

On rencontre le papillon kallima en Asie.

Des as du camouflage

L'étonnant kallima (ci-dessus) ressemble à s'y méprendre à une feuille morte, jusqu'au détail des nervures ! De nombreux papillons de nuit se confondent parfaitement avec l'écorce des arbres sur lesquels ils se reposent la journée (à gauche).

Papillon ailes repliées.

Effet de surprise

Lorsqu'ils sont importunés par un oiseau, certains papillons dévoilent brusquement leurs ailes postérieures, sur lesquelles sont dessinés de faux yeux impressionnants. Ils profitent alors de l'effet de surprise créé pour tenter d'échapper à leur agresseur !

Papillon ailes déployées dévoilant deux faux yeux.

Attention, poison !

Un bon moyen de ne pas devenir la proie d'ennemis est d'être immangeable. Certains papillons ont très mauvais goût. D'autres renferment dans leur corps un poison qui rend les oiseaux très malades. Ces derniers apprennent avec l'expérience à s'en méfier. La chenille du monarque (ci-contre) se nourrit de l'asclépiade, une plante contenant un poison. Ce poison subsiste dans le corps du papillon pendant la métamorphose, le protégeant ainsi des prédateurs.

Les ailes enroulées autour du corps, certaines espèces de la famille des noctuelles ont tout d'une branchette cassée (ci-dessous).

Une apparence trompeuse

Est-ce pour échapper à certains prédateurs que la sésie apiforme (ci-dessus) a l'apparence d'une guêpe ? Rien n'est moins sûr. Mais la ressemblance est pour le moins troublante : le papillon a des ailes transparentes, quasiment dénuées d'écailles, son abdomen est rayé de noir et de jaune, et en plus il émet un bourdonnement en vol... De quoi tromper plus d'un adversaire !

Ornithoptera goliath
(Papouasie-
Nouvelle-Guinée)
Agrias claudina
(Pérou)
Thecla coronata
(Pérou)
Diaethria clymena
(Pérou)
Cymothoe sangaris
(Afrique centrale)
Gamelia musta
(Pérou)

Graellsia isabellae
(France)
Urania riphaeus
(Madagascar)
Morpho hecuba
(Brésil)
Papilio rumanzovia
(Philippines)
Vanessa cardui
(France)
Arctia caja
(Hémisphère Nord)

TABLE DES MATIÈRES

MDS : 660634
ISBN : 978-2-215-10433-9

Dépôt légal à la date de parution.
Conforme à la loi n° 49-956 du 16 juillet 1949
sur les publications destinées à la jeunesse.
Imprimé en Italie (09-10)